Verità n

Tecnocr... 2030 - 2050

Truffe sui Vaccini, Attacchi Cibernetici, Guerre
Mondiali e Controllo della Popolazione; Esposti!

Rebel Press Media

Disclaimer

I nostri altri libri

Dai un'occhiata ai nostri altri libri per altre notizie non riportate, fatti esposti e verità sfatate, e altro ancora.

Unisciti all'esclusivo Rebel Press Media Circle!

Riceverai nella tua casella di posta elettronica ogni venerdì un nuovo aggiornamento sulla realtà non raccontata.

Iscriviti qui oggi:

https://campsite.bio/rebelpressmedia

Introduzione

Ciò che gli scienziati indipendenti stavano già avvertendo è stato ora confermato: le persone vaccinate diventano molto più suscettibili ad alcune mutazioni del corona. Uno studio dell'Università di Tel Aviv mostra che le persone a cui è stato iniettato il vaccino Pfizer - di gran lunga il più usato in Europa - hanno una probabilità 8 volte maggiore di contrarre la variante sudafricana del virus corona. 'Facciamo tutto per la cura' potrebbe ora avere esattamente l'effetto opposto, dato che sempre più persone vaccinate dovranno essere ricoverate.

Nella nazione con il miglior vaccino, Israele, la variante sudafricana B.1.351 del coronavirus si trova in ben il 5,4% delle persone vaccinate da Pfizer. Nelle persone non vaccinate, è solo lo 0,7%. Ciò significa che questa variante è in grado di sfondare la protezione del vaccino in una certa misura", ha commentato Adi Stern dell'università.

Ebbene, c'è una spiegazione molto più logica che numerosi esperti hanno già messo in guardia, vale a dire che il vaccino in realtà abbatte la resistenza naturale alle mutazioni del virus. La ricerca indica il rischio che siano proprio i vaccini a causare mutazioni pericolose per la vita del virus corona.

'Sorpreso dal risultato', ma perché?

Stern ha ammesso che il team scientifico è stato "sorpreso" dal risultato. Delle 400 persone studiate, si aspettavano solo un caso della variante sudafricana, e non 8. 'Naturalmente, non ero felice di questo'.

Tuttavia, è una variante che si verifica raramente (1% di tutti i casi presunti di Covid), anche se questo potrebbe cambiare proprio grazie al vaccino. Dopo tutto: questa mutazione non si trova quasi mai in persone non vaccinate, il che significa che il sistema immunitario naturale è molto più capace di combattere questo (presunto) virus. Quindi, senza i vaccini, questa mutazione innocua non avrebbe avuto alcuna possibilità.

Ricercatori universitari francesi hanno notato a fine febbraio/inizio marzo che il vaccino Pfizer stava causando in Israele una mortalità da decine a centinaia di volte superiore in tutte le fasce d'età. Gli scienziati erano così scioccati che hanno letteralmente parlato di "un nuovo Olocausto".

Nonostante questo, le persone non vaccinate in Israele, e presto in tutta Europa, sono discriminate e punite con una parziale esclusione dalla società. Come abbiamo già scritto molte volte, anche questo fa parte del rovesciamento di tutti I valori, norme, umanità e logica (luce=oscurità, buio=luce), che è così tipico di una civiltà moralmente e mentalmente decadente che sta chiaramente precipitando sempre più velocemente verso l'abisso.

Tabella dei contenuti

Capitolo 1: Preparare la macchina

La Russia è impegnata a difendere se stessa e/o la popolazione russa in Ucraina in caso di attacco. Così, questi missili ipersonici Iskander sono stati schierati.

Il sindaco della città russa di Cherepovets (311.000+ abitanti) ha emesso un'ordinanza per designare i luoghi dove le vittime "urgenti" dovrebbero essere sepolte in tempo di guerra. La città è a circa 375 chilometri da Mosca, 800 chilometri dal confine con l'Ucraina e circa 600 chilometri dai paesi NATO di Estonia e Lettonia. Perché una città nel profondo della Russia dovrebbe prendere una tale misura, se non per suggerire che il Cremlino si sta davvero preparando seriamente a dover combattere una guerra (mondiale) con l'Occidente? La Russia ha anche avvertito che distruggerà due navi da guerra statunitensi nel Mar Nero se quelle navi saranno usate in qualsiasi attacco militare all'Ucraina.

La risoluzione n. 1482, approvata il 5 aprile, riguarda "l'organizzazione della sepoltura urgente dei cadaveri in tempo di guerra" nella città di Cherepovets. Il MKU (Centro per la protezione della popolazione e dei territori in situazioni di emergenza) è responsabile della designazione, in collaborazione con il governo federale, dei luoghi "dove sono stati trovati i corpi, e per identificare e documentare coloro che sono morti in tempo di guerra". Procura anche "risorse materiali e tecniche" per "la sepoltura urgente dei cadaveri e la decontaminazione".

Le navi militari statunitensi possono essere distrutte

Questa ordinanza in una città così profonda della Russia può solo significare che il paese sta seriamente considerando di diventare il bersaglio di massicci attacchi missilistici, non solo dall'Ucraina, ma anche dal territorio, dagli aerei e dalle navi della NATO.

Per esempio, due cacciatorpediniere statunitensi stanno già navigando nel Mar Nero. Dmitry Peskov, addetto stampa del Cremlino, ha avuto un serio avvertimento al riguardo: Se i missili da crociera di questi cacciatorpediniere vengono usati contro il territorio delle repubbliche di Donetsk e Luhansk, queste navi da guerra americane possono essere distrutte. La Russia difenderà i cittadini russi in questo modo".

La Russia non è autorizzata dalla Merkel a rispondere alle provocazioni militari

I funzionari della NATO e i politici occidentali come Angela Merkel hanno ordinato alla Russia di rimuovere le sue truppe - già 28 battaglioni - al confine con l'Ucraina. È ora completamente sfuggito alla mente degli arroganti leader occidentali di vietare a un paese con storicamente l'esercito più determinato del mondo di spostare le truppe sul proprio territorio in risposta alle 110.000 truppe che l'Ucraina ha ammassato vicino alle città russofone di Luhansk e Donetsk?

È l'Ucraina che ha tagliato la fornitura di acqua (potabile) alla Crimea dopo che quasi il 97% della popolazione ha deciso in un referendum dichiarato valido ed equo dall'OSCE di tornare alla madrepatria Russia. Se il regime di Kiev smette di bombardare Luhansk e Donetsk, ritira le sue truppe e rimuove la diga "temporanea" sul Dnieper permettendo all'acqua dolce di tornare alla popolazione russa, la questione può essere risolta diplomaticamente e pacificamente.

Ma se il paese vuole necessariamente la guerra, allora il paese avrà la guerra. Solo che NON sia con il nostro sostegno. L'America e la NATO dovrebbero restarne fuori. Non c'è alcuna possibilità di questo, tuttavia, dal momento che il "presidente di guerra" Biden ha già promesso il suo sostegno incondizionato all'Ucraina se scoppia un conflitto armato.

D'altra parte, anche gli alleati sanno che le promesse di Washington sono nulle da molto tempo. Gli Stati Uniti, come un impero totalmente squilibrato, stanno imponendo la loro volontà al resto del mondo con veri e propri ricatti e minacce sia economiche che militari.

Perché l'Occidente sostiene un regime neonazista guerrafondaio?

Il presidente ucraino e burattino occidentale Zelensky ha recentemente firmato un documento che afferma che la Crimea dovrebbe essere conquistata dalla Russia. Questo non era altro che una dichiarazione di guerra da parte di un regime, alcune delle cui truppe userebbero apertamente bandiere naziste in alcuni luoghi.

Il messaggio non potrebbe essere più chiaro: L'America sosterrà militarmente l'Ucraina in caso di guerra. È molto strano che l'Occidente sia di nuovo associato in Russia ai nazisti, dai quali furono traditi all'epoca, e successivamente 20 milioni di russi morirono durante la seconda guerra mondiale?

In ogni caso, le tensioni con la NATO stanno aumentando. Secondo notizie non confermate, le truppe di frontiera polacche e bielorusse si sono scontrate di recente. Nelle ultime settimane ci sono già stati diversi scambi di insulti.

L'esercito russo ha nel frattempo allestito un enorme campo militare con un ospedale da campo a circa 250 chilometri dal confine con l'Ucraina. Ancora più importante, sono stati schierati i missili ipersonici Iskander, capaci di trasportare sia una testata convenzionale che una nucleare. Contro questi missili a corto raggio (500 km.) non è possibile alcuna difesa, perché volano troppo veloci (fino a 2,6 km. al secondo). Inoltre, i proiettili possono cambiare rotta durante il loro volo e schivare i missili di difesa.

Gli analisti temono che una guerra "calda" possa scoppiare già a maggio. Fino ad allora, i politici europei dovrebbero fare tutto il possibile per dissuadere l'Ucraina e gli Stati Uniti da ulteriori provocazioni, e riprendere i colloqui con la Russia. Sfortunatamente, i "nostri" leader sono troppo occupati a condurre la loro guerra contro la libertà, l'autodeterminazione, il benessere e la salute del loro stesso popolo.

Capitolo 2: Tenere gli animali in gabbia

Dopo la maschera intelligente il marchio intelligente?
Con la "programmazione predittiva", ai bambini è stato
fatto il lavaggio del cervello per anni con l'idea che tutti
dovranno presto avere un marchio sulla mano/braccio.

Oltre al fatto che parte dell'Occidente si sta preparando
per una nuova guerra, la popolazione è tenuta sotto
controllo da misure riguardanti il virus corona. La
possibilità di incasellare la popolazione e di garantirne la
graduale decimazione viene affrontata in modo sempre
più creativo. Il World Economic Forum annuncia il
prossimo passo verso la subordinazione totale e la
schiavitù tecnocratica: "maschere intelligenti", che ti
indicano quando puoi respirare liberamente, se il livello
di CO_2 dietro la maschera non è troppo alto, e anche se
stai indossando la maschera correttamente. Questo
piano folle, che sarà senza dubbio "volontario" all'inizio,
ma poi comunque obbligatorio, sottolinea quanto
totalitaria, anti-umana e oppressiva stia diventando la
dittatura globale ora imposta all'intera popolazione
mondiale.

Con un tasso di mortalità dello 0,037% stabilito nelle
statistiche ufficiali, la "corona" è un virus respiratorio
comune mortale di cui il mondo ha avuto centinaia, e da
cui il 99% delle persone soffre poco o nessun effetto
nocivo. Come stiamo scrivendo e dimostrando da oltre
un anno, questa crisi non riguarda affatto un virus o la

salute pubblica, ma la nostra sottomissione a una dittatura globale tecnocratica clima-vaccino.

Le maschere sono il simbolo della sottomissione totale e dell'inanità.

Uno dei simboli più importanti della sottomissione senza volontà è la maschera a bocca, che ha dimostrato di essere inutile e può essere addirittura molto dannosa, cosa che è stata anche apertamente riconosciuta da politici ed esperti per mesi, ma che poi è stata semplicemente resa comunque obbligatoria.

L'ingestione praticamente incontrastata e acritica di questa misura totalmente idiota da parte di quasi tutta la popolazione è stata per i pianificatori nazionali e internazionali del "Grande Reset", della "Quarta Rivoluzione Industriale" e dell'"Agenda 2030" la conferma finale che ora potevano fare quello che volevano, perché la capacità di pensiero della maggior parte dei cittadini sembrava essere scesa molto al di sotto del livello critico di assoluta inanità con l'aiuto dei mass media e dell'intrattenimento piatto.

Benvenuti in questa scuola materna globale

Questa maschera intelligente ti dice quando deve essere lavata", il WEF inizia il suo video promozionale sul pannolino orale di BreathTech.

E se lo stai indossando correttamente. Misura il tuo tasso di respirazione, e se si è accumulata troppa CO_2 ti dice di fare qualche respiro di aria fresca. Bene, dato che la ricerca ha dimostrato che i livelli di CO_2 sono aumentati fino a 1.000 volte dopo pochi minuti, questo significa che devi togliere e mettere il paradenti ogni pochi minuti durante il giorno. Naturalmente, questo non accadrà mai.

E se ti dimentichi di metterlo, scatta un allarme". Come è possibile? Perché, ovviamente, la maschera intelligente deve essere collegata al tuo smartphone, che a sua volta diventa parte della 'rete intelligente' 4G/5G in costruzione da anni, che ti permetterà di essere tracciato, monitorato, istruito e corretto 24/7/365. Nel momento in cui metti il boccaglio poi, lo smartphone visualizzerà un simbolo verde con la parola "buono". (Benvenuti in questa classe d'asilo globale).

Il tappo BreathTech S3, come nel caso di quasi tutto in questi giorni, è promosso come presumibilmente 'sostenibile' e migliore per l'ambiente. Il produttore fa notare che l'anno scorso l'umanità ha speso 166 miliardi di dollari in paradenti, tutti finiti in discarica. Naturalmente, questo avrebbe potuto essere facilmente evitato semplicemente non importandoli mai. Infine, è stato dimostrato che la "corona" nei paesi e negli stati che non hanno introdotto, o hanno eliminato, l'obbligo del paradenti fa molti meno (presunti) malati e morti.

Qual è la tua idea per risolvere i più grandi problemi del mondo?

"Quali sono le vostre idee per risolvere i più grandi problemi del mondo?" conclude il video. Bene, per quanto mi riguarda non ci possono essere equivoci su questo: se l'umanità vuole ancora avere un futuro libero, o un futuro del tutto, allora prima di tutto il WEF insieme alla Fondazione Gates dovrebbero essere immediatamente presi di mira e banditi come la più grande minaccia possibile, e i loro leader perseguiti in un nuovo tribunale di Norimberga per gravi crimini contro l'umanità.

In caso contrario, la Smart Mask potrebbe essere sostituita dallo Smart Mark, che potrebbe consistere in un tatuaggio sotto la pelle, scansionabile esternamente e/o in vaccini con nano-biosensori che non solo provano che sei stato vaccinato, ma contengono anche tutti i tuoi dati personali, diventando contemporaneamente la tua carta d'identità e la tua carta di debito.

Questo sistema del "marchio della bestia" attraverso le vaccinazioni - che Netflix ha mostrato già nel 2017 nel cartone animato per bambini "Stretch Armstrong & The Flex Fighters" - è stato descritto per la prima volta nel 2009 ed è ora sul punto di essere attuato a livello globale con misure sempre più convincenti.

Capitolo 3: frode RNA

CDC citato in giudizio per frode massiccia: I test in 7 università di TUTTE le persone esaminate hanno mostrato che non avevano il Covid, ma solo l'influenza A o B - statistiche RIVM e UE: "Corona" è praticamente scomparsa, anche sotto la mortalità.

Uno scienziato clinico e immunologo-virologo di un laboratorio della California meridionale dice che lui e i colleghi di 7 università stanno facendo causa al CDC per frode massiccia. Il motivo: nessuno dei 1500 campioni di persone testate "positive" ha potuto trovare il Covid-19. TUTTE le persone sono state semplicemente trovate con l'Influenza A, e in misura minore con l'Influenza B. Questo è coerente con le precedenti scoperte di altri scienziati, che abbiamo riportato più volte.

Dr. Derek Knauss: "Quando io e il mio team di laboratorio abbiamo sottoposto i 1500 campioni presumibilmente positivi al Covid-19 ai postulati di Koch e li abbiamo messi sotto un SEM (microscopio elettronico), non abbiamo trovato alcun Covid in tutti i 1500 campioni. Abbiamo scoperto che tutti i 1500 campioni erano principalmente Influenza A, e alcuni Influenza B, ma nessun caso di Covid. Non abbiamo usato gli inutili test PCR".

Covid non è stato scoperto una volta in 7 università in tempi recenti

16

Quando abbiamo inviato il resto dei campioni a Stanford, Cornell e un paio di laboratori dell'Università della California, hanno ottenuto lo stesso risultato: NESSUNA COVID. Hanno trovato l'influenza A e B. Poi abbiamo tutti chiesto al CDC campioni vitali di Covid. Il CDC ha detto che non possono darli, perché non hanno quei campioni".

Così, siamo giunti alla dura conclusione, attraverso tutte le nostre ricerche e il lavoro di laboratorio, che il Covid-19 era immaginario e fittizio. L'influenza si chiamava solo 'Covid', e la maggior parte dei 225.000 morti erano dovuti a co-morbidità come malattie cardiache, cancro, diabete, enfisema polmonare, ecc. Hanno preso l'influenza che ha ulteriormente indebolito il loro sistema immunitario, e sono morti".

Questo virus è fittizio

Ho ancora bisogno di trovare un campione valido con il Covid-19 con cui lavorare. Noi che abbiamo condotto il test di laboratorio con questi 1500 campioni nelle 7 università stiamo ora facendo causa al CDC per frode del Covid-19. Il CDC non ci ha ancora inviato un campione vitale, isolato e purificato di Covid-19. Se non possono o non vogliono, allora dico che il Covid-19 non esiste. È fittizio".

Le quattro ricerche che descrivono gli estratti del genoma del virus Covid-19 non sono mai riuscite a isolare e purificare i campioni. Tutti e quattro gli articoli descrivono solo piccoli pezzi di RNA lunghi solo 37-40 paia di basi. Questo NON è un VIRUS. Un genoma virale ha normalmente da 30.000 a 40.000 coppie di basi".

'Ora che il Covid-19 è presumibilmente così grave ovunque, come mai nessun laboratorio al mondo ha completamente isolato e purificato questo virus? Questo perché non hanno mai veramente trovato il virus. Tutto ciò che hanno scoperto sono piccoli pezzi di RNA che non sono stati comunque identificati come il virus. Quindi, quello con cui abbiamo a che fare è solo un altro ceppo influenzale, come ogni anno. Il Covid-19 non esiste ed è fittizio".

'Credo che la Cina e i globalisti abbiano messo in piedi questa bufala Covid (l'influenza mascherata da un nuovo virus) per stabilire una tirannia globale e uno stato di polizia di controllo totalitario. Questo intrigo includeva (anche) massicci brogli elettorali per rovesciare Trump'.

Il rilevamento dell'RNA virale non può dimostrare la presenza di un virus infettivo o che il 2019-nCoV sia l'agente causale dei sintomi clinici". E inoltre: 'Questo test non può escludere altre malattie causate da altri agenti patogeni batterici o virali'.

In altre parole, non possiamo provare che le persone che si ammalano e vengono ricoverate in ospedale, e molto occasionalmente muoiono, siano state ammalate da un nuovo coronavirus chiamato SARS-CoV-2, né possiamo provare che abbia causato loro lo sviluppo di una nuova malattia chiamata "Covid-19". Potrebbe anche essere un virus diverso e una malattia diversa. (E dato che tutti i sintomi, inclusa una grave polmonite, sono perfettamente simili a quelli che l'influenza può causare storicamente nelle persone vulnerabili... 'se sembra un'anatra e cammina come un'anatra, è un'anatra'.

Ricompensa di 225.000 euro per aver dimostrato il coronavirus

All'inizio di quest'anno, il team tedesco di Samuel Eckert e l'Isolate Truth Fund hanno offerto una ricompensa di almeno 225.000 euro per qualsiasi scienziato che possa fornire la prova incontrovertibile che il virus SARS-CoV-2 è stato isolato e quindi esiste. Anche loro hanno sottolineato che nessun laboratorio al mondo è stato ancora in grado di isolare questo virus corona.

Sì, gli scienziati dei sistemi affermano di averlo fatto, ma questo 'isolamento' consiste solo in un campione del corpo umano, che è un 'brodo' pieno di diversi tipi di cellule, resti di virus, batteri, ecc. Con l'aiuto di sostanze chimiche (tossiche) si cercano poi alcune particelle (residue) che possono indicare un virus che è esistito o può ancora esistere, dopo di che questo viene designato come 'prova'.

Anche il team canadese non ha trovato prove nonostante 40 richieste di WOB

Alla fine di dicembre 2020, abbiamo prestato attenzione a un'iniziativa simile a quella della Germania. Un team intorno alla giornalista investigativa canadese Christine Massey ha presentato alle autorità mediche di tutto il mondo non meno di 40 richieste di WOB chiedendo semplicemente la prova che il virus SARS-CoV-2 è stato isolato, e la sua esistenza può quindi essere oggettivamente provata. Nessuna delle agenzie e delle autorità a cui è stato scritto è stata in grado di fornire tali prove.

'Impossibile dimostrare che la SARS-CoV-2 causa una malattia chiamata Covid-19'

Il Dr. Tom Cowan, il Dr. Andrew Kaufman e Sally Fallon Morell hanno recentemente pubblicato una dichiarazione sulla "continua controversia sul fatto che il virus SARS-CoV-2 sia isolato o purificato. Ma sulla base della definizione ufficiale di Oxford di "isolamento" ("il fatto o la condizione di essere isolato o appartato, una separazione da altre cose o persone, stare da solo"), il buon senso, le leggi della logica e le regole della scienza dettano che qualsiasi persona imparziale deve giungere alla conclusione che il virus SARS-CoV-2 non è mai stato isolato o purificato. Di conseguenza, non può essere data alcuna conferma dell'esistenza del virus".

Le implicazioni logiche e scientifiche di questo fatto sono che non si può conoscere la struttura e la

20

composizione di qualcosa la cui esistenza non può essere dimostrata, compresa la presenza, la struttura e la funzione di ipotetici spike o altre proteine. Non si può conoscere la sequenza genetica di qualcosa che non è mai stato trovato, né le "varianti" (mutazioni) di qualcosa la cui esistenza non è stata dimostrata. È quindi impossibile dimostrare che la SARS-CoV-2 causa una malattia chiamata Covid-19".

Test PCR combinato per corona e influenza "perché non c'è quasi nessuna differenza

La più grande azienda biotecnologica del mondo, la cinese BGI, ha recentemente introdotto un nuovo test PCR che può testare simultaneamente l'influenza A, B e la corona.

A parte il fatto provato che un test PCR non può provare l'infezione da nessun virus, la spiegazione di BGI che entrambe le malattie sono così difficili da distinguere l'una dall'altra e che quindi hanno fatto un solo test, dice più che abbastanza. Forse non c'è nessuna differenza, il 'Covid' è solo un altro nome per i virus influenzali 'vecchi e familiari', e questo è solo un altro abile trucco di marketing?

Con la propaganda di paura 24 ore su 24, 7 giorni su 7, approvata dal governo, la maggior parte della gente è arrivata a credere che ci sia davvero un virus pericoloso per la vita che fa ammalare le persone molto più velocemente e più gravemente dell'influenza stagionale. Tuttavia, anche quest'ultima è dimostrabile che non è così. L'influenza A è stata la principale causa di morte per polmonite nel mondo sviluppato per anni.

Ma mandate le persone designate come pazienti Covid gravi in alcune unità di terapia intensiva in tutto il paese, mettete telecamere su di loro costantemente, istruite alcuni medici che dovrebbero discutere solo i casi peggiori, e avrete la vostra "pandemia televisiva". L'argomento "lo facciamo perché altrimenti l'assistenza sarà sovraccaricata" è stato minato dal governo stesso qualche tempo fa rifiutando un'offerta di 400 letti di terapia intensiva più il personale perché "non è necessario". (È stata forse la prima e unica volta che è stata detta la verità?)

Non c'è più niente di cui preoccuparsi (eppure non torna mai alla normalità)

Ora che anche i dati ufficiali del RIVM mostrano che dopo il normale picco invernale tradizionale non c'è niente che non va, e secondo le statistiche dell'UE (EuroMOMO) c'è addirittura un notevole sottosviluppo, la società - se davvero si trattasse di un virus e della salute pubblica - dovrebbe tornare immediatamente alla normalità per iniziare a riparare gli enormi danni causati dalle politiche del governo.

Tuttavia, come sapete, questo non sarà mai fatto, e questo perché questa bufala pandemica accuratamente pianificata sta portando avanti un'agenda ideologica, il "Grande Reset", che mira a demolire in gran parte la società e l'economia dell'Occidente, per poi sottoporla a una dittatura globale tecnocratica comunista clima-vaccino, in cui tutte le nostre libertà, i diritti civili e di autodeterminazione saranno eliminate una volta per tutte.

Capitolo 4: Occultamento spudorato?

L'85% di tutte le persone che sono morte (presumibilmente) di Covid-19 avrebbero potuto essere vive oggi se la politica e i media non avessero fatto tutto il possibile per sopprimere i farmaci esistenti. Questo non lo dice uno qualunque, ma uno dei migliori medici del mondo, il professor Dr. Peter McCullough, che è l'esperto più pubblicato al mondo nel suo campo. McCullough ha sottolineato questi fatti scioccanti in una dichiarazione al Comitato dell'Assemblea Statale del Texas sulla Salute Pubblica e i Servizi Umani. Dal nostro punto di vista, il trattenere deliberatamente dei farmaci sicuri e di provata efficacia equivale a un grave crimine contro l'umanità, ed è di fatto equivalente a una forma indiretta di genocidio.

McCullough è un internista, cardiologo e professore di medicina presso l'Health Sciences Center della Texas A&M University. È l'esperto più pubblicato nel suo campo nella storia, nonché editore di due importanti riviste mediche.

Assolutamente sbalordito" che al pubblico vengano negati i trattamenti di lavoro

Ha detto di essere "assolutamente sbalordito" dal fatto che nessuno dei 50.000 articoli peer-reviewed sul Covid-19 menzionava un trattamento (a parte le vaccinazioni). Insieme a un team di esperti, ha condotto uno studio del genere, e successivamente ha trovato un trattamento eccellente, che è stato pubblicato nell'autorevole American Journal of Medicine. Ne hanno anche fatto un video su YouTube, che è diventato immediatamente virale - fino a quando YouTube lo ha bloccato nel giro di una settimana.

Incredibile quello che è stato fatto", continuò il professore. 'Quanti di voi hanno mai sentito in TV o alla radio che è possibile un trattamento a domicilio? Neanche una parola su cosa fare (con i farmaci) se vi viene diagnosticato il Covid-19? Questo è un fallimento completo e totale in ogni settore! Perché nessun gruppo di medici per prevenire il maggior numero possibile di ricoveri? Perché nessun rapporto di pazienti trattati che non hanno dovuto andare in ospedale come risultato? È una farsa totale che non si tratti una malattia mortale". Ha quindi chiesto che ogni risultato di test sia accompagnato da una raccomandazione di trattamento come standard d'ora in poi.

I paesi che hanno permesso i farmaci hanno solo dall'1% al 10% del numero di morti

Il professore ha fatto notare che i paesi al di fuori dell'Occidente che permettevano questi farmaci (come il protocollo HCQ/zinco, la quercetina, l'ivermectina) avevano in proporzione solo dall'1% al 10% delle morti del 'Primo Mondo'. Ma quando è stata l'ultima volta che hai acceso il telegiornale e hai avuto un aggiornamento su questo? Quando hai avuto un aggiornamento su come il resto del mondo sta affrontando il Covid?

Proprio come in Europa, negli Stati Uniti ci sono solo una manciata degli stessi medici ed "esperti" che dipingono ogni volta in TV lo stesso quadro estremamente unilaterale, distorto e fuorviante, progettato per mantenere l'intera popolazione in uno stato di paura mortale (e quindi obbedienza assoluta alle misure più assurde). Nessuno di questi medici ed esperti menziona mai che i malati di Covid possono essere trattati e curati facilmente, rapidamente e in modo molto sicuro con i farmaci esistenti.

Immunità di gruppo all'80%, vaccinazioni di massa totalmente inutili

Si stima che il Texas, dove quasi tutte le misure contro la corona sono state revocate il 1° marzo e la vita è quasi tornata alla normalità - e anche la corona è quasi sparita - ora ha l'80% di immunità di gruppo. Le persone che ricevono il Covid e accumulano anticorpi contro di esso, "hanno un'immunità completa e a lungo termine. Non si può battere questo. Non si può migliorare con i vaccini. Non ci sono argomenti scientifici, clinici o di sicurezza per vaccinare o testare un paziente guarito da Covid".

Durante le fasi di test del vaccino l'anno scorso, solo meno dell'1% del gruppo placebo ha effettivamente ricevuto il Covid-19, ribadisce McCullough sulla base dei rapporti ufficiali. 'Ma il vaccino avrà un impatto di almeno l'1% sulla salute pubblica. Questo è ciò che

26

dicono i dati. Il vaccino non ci salverà, e abbiamo già l'80% di immunità di gruppo".

I vaccini dovrebbero essere dati strategicamente solo ad alcuni gruppi vulnerabili, crede. Tuttavia, le persone fino a 50 anni con una salute ragionevole non hanno sicuramente bisogno di essere vaccinate. Non c'è nessun argomento scientifico per questo". Una delle più grandi fallacie per le vaccinazioni è la cosiddetta 'diffusione asintomatica'. Voglio essere molto chiaro su questo: non esiste quasi niente del genere, se esiste. Una persona malata la passa a un'altra persona malata. I cinesi hanno pubblicato uno studio ... a 11 milioni di persone. Stavano cercando di trovare prove della diffusione asintomatica. Non c'è. È uno dei pezzi più importanti della disinformazione.

L'85% delle morti e dei ricoveri avrebbe potuto essere facilmente evitato

Il professore ha sottolineato che sopprimere le informazioni sui trattamenti efficaci e sicuri è stato enormemente dannoso. Due studi "molto grandi" hanno dimostrato che "se i medici trattano i loro pazienti di oltre 50 anni con problemi medici in modo tempestivo con un protocollo multi-farmaco... ci sono 85% in meno di ospedalizzazioni e morti".

'Abbiamo più di 500.000 morti negli Stati Uniti. Avremmo potuto prevenirne l'85% (425.000) se la nostra risposta alla pandemia fosse stata concentrata in modo netto sul problema che è proprio davanti ai nostri occhi: il paziente malato".

Il professore francese Christian Perronne, con un curriculum molto impressionante, ha pubblicato il suo libro l'anno scorso con il titolo eloquente "C'è un errore che non hanno fatto? - Covid-19: La sacra unione di incompetenza e arroganza". Se i malati di corona fossero stati trattati fin dall'inizio (soprattutto preventivamente) con zinco, idrossiclorochina/quercetina, vitamine C e D, e azitromicina, non ci sarebbe stato quasi nessun morto, e 25.000 francesi (l'80% dei morti dell'epoca) sarebbero ancora vivi oggi, secondo lui.

Sarebbe solo vostro figlio, (non) genitore, partner, amico o collega che è stato inserito nella lista delle vittime di un grave crimine contro l'umanità in questo modo vergognoso, di un genocidio indiretto anche, sacrificato sull'altare dell'ideologia transumana che tutti dovrebbero essere iniettati con questi "vaccini" manipolatori di geni a qualunque costo, e nessun altro mezzo dovrebbe mettere in pericolo questa perfida intenzione.

Capitolo 5: Attacchi informatici

Nel 2021-2022, sulle rovine del sistema attuale, si stabilirà il nuovo sistema interamente digitale, da tempo pianificato, una tecnocrazia comunista-fascista

Proprio come un esercizio 'live' si è tenuto nell'ottobre 2019 con una pandemia di corona (Evento 201), poi effettivamente realizzato tre mesi dopo, così il World Economic Forum di Klaus Schwab 'simulerà' un massiccio attacco informatico in estate. Cyber Polygon 2021 avrà luogo il 9 luglio 2021, ed è destinato - come con la corona e l'Evento 201 - a impostare un copione dettagliato per ciò che sarà effettivamente realizzato qualche tempo dopo (forse già in autunno): un massiccio 'attacco' alle infrastrutture digitali ed energetiche, che dovrebbe mettere in ginocchio una volta per tutte l'Occidente in particolare prima del Grande Reset.

La globalizzazione digitale ha collegato il mondo così strettamente che individui malintenzionati possono usare attacchi informatici e di hacking per causare gravi danni al sistema finanziario, alle forniture di energia, alle imprese e alle infrastrutture, avverte il WEF. L'intera società moderna è diventata così dipendente da questo che pochi giorni senza accesso alle banche e ai pagamenti, o peggio, senza elettricità e acqua, saranno sufficienti a causare il panico totale.

Perché i russi partecipano?

Chi sarà incolpato di questa mostruosa operazione false flag non è chiaro. La più ovvia è la solita, trita scusa "sono stati i russi! Ma la più grande banca statale russa, Sberbank, insieme alla sua divisione informatica BIZONE, sta effettivamente partecipando a Cyber Polygon 2021.

Cosa sta succedendo qui? La Russia è forse nello stesso complotto del WEF per mettere in ginocchio l'Occidente una volta per tutte? O i russi stanno partecipando al Cyber Polygon 2021 perché i politici e gli ufficiali militari statunitensi hanno minacciato apertamente un attacco informatico alla Russia per anni. Se questa è la vera ragione, allora sarebbe intelligente rendersi il più possibile consapevoli dei metodi del nemico in modo da potersi armare contro di loro.

Mega-crisi finanziaria nel 2021-2022

Sono anni che avvertiamo di un'inevitabile mega-crisi finanziaria, perché il sistema bancario occidentale - e soprattutto europeo - è tecnicamente in bancarotta, il peso del debito ancora in rapida crescita è diventato insostenibile, l'euro ha valore solo sulla carta, e gli anni di tassi di interesse negativi della BCE hanno completamente eroso risparmi, pensioni e potere d'acquisto dell'euro. Stiamo quindi vivendo "on borrowed time", ovvero: tempo comprato con enormi quantità di nuovo denaro digitale (decine di miliardi al mese), che ha solo ritardato il grande colpo (e che, anche per questo, sarà molto più duro, e sarà probabilmente un fatto nel 2021-2022).

Dato che quella mega crisi sistemica è ormai molto vicina, i governi, le banche e i grandi attori finanziari hanno bisogno di un capro espiatorio per il loro pianificato attacco "false flag", che darà al sistema morente un colpo finale "controllato" prima che crolli da solo. Il casino causato dal crollo sarà così grande e farà così tante vittime che centinaia di milioni di persone disperate vorranno sfogare la loro rabbia sui veri colpevoli, in questo caso gli stessi governi e banche, guidati dalle grandi organizzazioni globaliste, con il WEF a capo.

Chi sarà il capro espiatorio?

Per prevenire rivolte e rivoluzioni è "necessario" che la popolazione abbia un capro espiatorio. Forse sarà un altro gruppo di hacker russi, cinesi o dell'Europa orientale. La Cina potrebbe andare bene per gli Stati Uniti, dato che il Pentagono sta anche progettando una guerra "calda" contro quel paese nel prossimo futuro. Anche l'Iran e la Corea del Nord potrebbero essere menzionati, forse anche cooperando con la Cina in un nuovo cosiddetto "asse del male", che dovrebbe poi essere contrastato "naturalmente".

O l'inimicizia con la Cina è solo una finzione, intesa ad alimentare ulteriormente le paure popolari di guerra e altre calamità? Dopo tutto, sia gli USA che l'UE sono impegnati a copiare il sistema di controllo totalitario cinese.

Un'altra opzione è che il falso attacco informatico venga fatto risalire a Israele, che la NATO e il Consiglio di Sicurezza dell'ONU useranno per forzare il paese minacciato militarmente ad accettare un "piano di pace" che dividerà il paese in due e renderà Gerusalemme una specie di città internazionale. Abbiamo mostrato in diversi articoli più di 10 anni fa che il Vaticano e la Massoneria hanno messo gli occhi su Gerusalemme da molto tempo, perché vogliono farne il centro di una sorta di nuova religione mondiale fusa.

Comunque, la bufala della pandemia di corona ha dimostrato inequivocabilmente che non può essere presentata come così folle o improbabile, o la popolazione occidentale incredibilmente disinformata, disinteressata e inebetita la accetta ciecamente. Tutto ciò che i governi e i media affermano è ormai creduto, "perché l'hanno detto in TV, e quindi è vero".

Tecnocrazia comunista-fascista in cui anche il tuo corpo non ti appartiene più

Il Grande Reset del WEF ha iniziato dall'anno scorso ad abbattere e cambiare radicalmente la nostra società. Gli ultimi resti di libertà, democrazia e autodeterminazione scompariranno per sempre, il contante sarà sostituito da valute completamente digitali, e il nuovo

32

"capitalismo degli azionisti" non è altro che un sistema combinato comunista-fascista in cui veramente tutto sarà tolto ai cittadini e alle aziende, anche il diritto di controllare il proprio corpo.

Lo stato diventa essenzialmente l'unico principale azionista di ogni aspetto della vita totale. Inizialmente, otterrà un sostegno popolare più che sufficiente per questo, perché questo sistema prevede l'avvento di un Reddito di Base Universale, e il suddetto attacco informatico pianificato creerà così tanto caos e miseria, che la gente accetterà qualsiasi soluzione in modo acritico e anche con il massimo entusiasmo. ("Ordo ab Chao")

Ma presto i sopravvissuti alla prossima crisi mondiale scopriranno che nel nuovo sistema non avranno assolutamente nulla e nessuna voce in capitolo, nemmeno sui loro stessi corpi. Con una vaccinazione mRNA obbligatoria dopo l'altra - forse presto contenente nano-chip - si trasformeranno in schiavi digitali geneticamente modificati, in una specie di androidi o cyborg. Klaus Schwab ha letteralmente annunciato scansioni cerebrali obbligatorie e chip che permetteranno di controllare e manipolare persino i vostri pensieri, desideri e volontà.

Il WEF minaccia la sopravvivenza dell'umanità; quindi, è necessario un vero Grande Reset

Il Forum Economico Mondiale si presenta così inequivocabilmente come una delle più grandi minacce alla sopravvivenza dell'umanità. È abbastanza concepibile che il WEF, con l'appoggio delle potenze occidentali, faccia molta strada, ma alla fine, sospettiamo, questa orribile dittatura anti-umana non durerà a lungo. Nella loro smisurata arroganza, pensano di poter controllare e cambiare la natura umana, ma ciò che creeranno non è altro che l'inferno sulla terra, che si consumerà completamente sotto il peso della sua stessa malignità megalomane.

Allora sarà finalmente il momento di un vero Grande Reset, uno che i credenti dicono sarà effettuato "dall'alto". Quel regno di pace durerà per tutta l'eternità, e non ospiterà più figure come Klaus Schwab, Bill Gates, George Soros e Mark Zuckerberg, né l'élite bancaria che ancora li sovrasta guidata dalla famigerata famiglia Rothschild. Quella "Babilonia" sarà stata definitivamente distrutta, per non risorgere mai più a terrorizzare l'umanità.

Capitolo 6: Il grande reset

Il "Grande Reset" è stato progettato per prolungare l'attuale sistema morente, ma non funzionerà".

Anni fa, abbiamo prestato attenzione alle fosche previsioni del sito privato di intelligence geopolitica e militare Deagel.com, che si basa su cifre ufficiali, rapporti e documenti della CIA, del Dipartimento della Difesa degli Stati Uniti, della Banca Mondiale, del WEF, dell'UE, del FMI e di quasi tutti gli enti e organizzazioni internazionali autorevoli concepibili, tra gli altri. Nell'analisi aggiornata al settembre 2020, in realtà nulla sembra essere cambiato: nel 2025, l'Occidente è ancora al collasso totale, anche se la gravità del colpo varia da paese a paese. Gli Stati Uniti, la Gran Bretagna e la Germania soffriranno particolarmente, mentre i Paesi Bassi e la Finlandia saranno i meno colpiti in Europa. Tuttavia, Deagel prevede che circa 1 milione di persone scomparirà anche nel nostro paese.

Nel 2014, Deagel ha scritto che come risultato della stampa di denaro illimitato e del debito, il blocco occidentale su entrambi i lati dell'oceano sarà crollato entro il 2025. Questo destino è ancora inevitabile. Inoltre, la crisi della corona ha dimostrato che "il modello di successo del mondo occidentale è costruito su società senza resilienza, che difficilmente possono tollerare qualsiasi avversità, anche di bassa intensità. Lo avevamo supposto, e ora ne abbiamo, senza dubbio, la piena conferma".

Grande Reset: estensione temporanea di un sistema morente

La crisi di Covid sarà usata per prolungare la vita di questo sistema economico morente attraverso il cosiddetto Grande Reset, che come il cambiamento climatico, la ribellione dell'estinzione, la crisi planetaria, la 'rivoluzione verde' e le bufale del petrolio di scisto è promosso dal sistema.

E proprio come con le chiusure a corona e la deliberata distruzione dell'industria dell'ospitalità, del turismo e di gran parte del settore delle PMI, tutto ciò che riguarda il 'Grande Reset' è finalizzato a far tornare indietro l'economia dei consumi bruscamente in modo che si possa continuare più o meno sulla stessa base per qualche anno ancora. Questo può essere efficace per un po', ma non risolverà il problema centrale, e rimanderà solo l'inevitabile. L'élite al potere spera di rimanere al potere, che è in effetti l'unica cosa che gli interessa veramente".

Covid ha dimostrato che l'Occidente non può più affrontare le difficoltà

Il collasso del sistema finanziario occidentale - e in definitiva della civiltà occidentale - attraverso una confluenza di crisi è l'elemento chiave della previsione, e ha un esito devastante. Covid ha dimostrato che le società occidentali che hanno abbracciato il multiculturalismo e il liberalismo estremo sono incapaci di affrontare le vere avversità".

Come esempio lampante, Deagel dà la pandemia di influenza spagnola di circa un secolo fa. Ha causato la morte di circa 40-50 milioni di persone. Ora la popolazione mondiale è quattro volte più grande, e se la corona fosse stata altrettanto grave, avrebbe ucciso almeno 160-200 milioni di persone (dato il globalismo e i viaggi aerei intensivi, il doppio è più probabile). Ma il bilancio dei morti (molto probabilmente gonfiato artificialmente) è attualmente di 2,9 milioni, o solo lo 0,037% della popolazione mondiale, che è paragonabile a una lieve ondata di influenza stagionale.

Gli stati più prosperi pagheranno il prezzo più alto

'È molto probabile che la crisi economica risultante dalle chiusure causerà più morti del virus in tutto il mondo', sostiene quindi Deagel. 'La cruda realtà delle società occidentali diverse e multiculturali è che un crollo - a seconda di vari fattori - prenderà un pedaggio dal 50% all'80% (della popolazione). Nel complesso, gli stati sociali più diversi, multiculturali e indebitati (con i più alti standard di vita) pagheranno il prezzo più pesante".

L'unica cosa che ancora tiene insieme come "colla" la nostra abnorme ed errante società occidentale è "il sovraconsumo, con alte dosi di degenerazione illimitata confezionata come virtù". Nonostante la censura diffusa, le "leggi dell'odio" e i segnali contraddittori mostrano che anche questa colla non funziona più. Ma non tutti devono morire; anche la migrazione può avere un ruolo positivo".

I paesi del secondo e terzo mondo che si aggrappano al "vecchio ordine mondiale" andranno a fondo con l'Occidente, si aspettano gli analisti. Ma poiché questi paesi sono più poveri, il colpo sarà molto meno forte. Inoltre, queste sono spesso ancora società omogenee (coese), storicamente molto più resistenti a una grande crisi sistemica o altre calamità. I paesi che si rivolgono alla Cina hanno le maggiori possibilità di stabilizzarsi di nuovo rapidamente.

Ora che l'UE ha rifiutato per anni qualsiasi riavvicinamento con la Russia e ha persino iniziato a ritrarla come un nemico, la Russia e la Cina hanno iniziato a formare un'alleanza strategica economica e militare (che sostituirà l'Occidente e formerà il vero Nuovo Ordine Mondiale). Contrariamente a quanto si sostiene in Occidente, non solo la Russia ma anche la Cina è già molto più avanti dell'America e dell'Europa (/ NATO) con la tecnologia militare in molti settori.

Una nuova grande guerra (mondiale) è persino chiamata "il più probabile grande evento" in questi anni 20. Il primo scenario è una guerra convenzionale (come sta per scoppiare in Ucraina) che degenera in una guerra nucleare. Il secondo scenario si colloca tra il 2025 e il 2030, e presuppone un travolgente attacco a sorpresa russo contro l'Occidente. Per lo sgomento dell'élite militare occidentale, i russi hanno mostrato in Siria nel 2015 che sono in grado di effettuare un tale attacco alla perfezione a una distanza di oltre 2.000 chilometri.

L'ironia è che dalla fine della guerra fredda, gli Stati Uniti hanno messo la NATO in condizione di effettuare un tale "primo attacco" alla Russia, e ora sembra che questo primo attacco stia davvero per avvenire, ma il paese che sarà finito sono gli Stati Uniti".

Gli occidentali hanno subito il lavaggio del cervello e sono arroganti

Un'altra peculiarità del sistema occidentale è che i suoi sudditi hanno subito un lavaggio del cervello al punto che la maggioranza ha dato per scontata la sua supremazia morale e il suo vantaggio tecnologico. Questo ha aperto la strada alla supremazia degli argomenti emotivi su quelli razionali, che vengono ignorati o sminuiti *(questo è ormai vero in TUTTI i settori, che si tratti di clima, energia, immigrazione, economia, Russia o corona)*. Questa mentalità può giocare un ruolo chiave nei prossimi eventi catastrofici".

Almeno la maggioranza silenziosa della popolazione dell'ex Unione Sovietica era ancora consapevole delle proprie carenze, che avevano, una volta, pulito abbastanza. Gli occidentali, e certamente gli americani, invece, si considerano solo tremendamente intelligenti e molto al di sopra degli altri. Ora l'America e l'Europa sostengono che la Russia e la Cina stanno rubando loro ogni tipo di tecnologia, "il che dimostra che ora anche l'élite occidentale è infettata da questa arroganza. Nel prossimo decennio diventerà chiaro che l'Occidente è in ritardo rispetto al blocco Russia-Cina, dopo di che il malessere (in Occidente) potrebbe trasformarsi in disperazione".

'Iniziare una guerra sembra una soluzione facile e veloce per ripristinare la supremazia perduta. Nel 1940, la Francia non aveva armi nucleari per trasformare la sconfitta in vittoria. L'Occidente potrebbe provarci ora, per la sgradevole prospettiva che saremo 'il tiranno e la sua lurida puttana' (*una descrizione molto azzeccata degli Stati Uniti e dell'Europa*) che fuggiranno paurosamente mentre il resto del mondo ride di loro'.

Se non c'è un drammatico cambiamento di rotta, il mondo sarà sicuramente testimone della prima guerra nucleare. Il crollo del blocco occidentale può avvenire prima, durante o dopo quella guerra. Non ha importanza. Una guerra nucleare è una scommessa con miliardi di vittime, e durante il crollo il numero sarà di centinaia di milioni".

La Russia sale in alto

Gli unici due paesi In Europa dove il colpo sarà meno forte sono i Paesi Bassi e la Finlandia. Nei Paesi Bassi, la popolazione diminuisce di circa 1 milione di persone a 16 milioni (-6%), e il potere d'acquisto arriva a 47.451

dollari, solo il 7% in meno degli attuali 51.200 dollari. La Finlandia fa ancora meglio con un calo della popolazione del 5% e un calo del potere d'acquisto dell'1%.

Il paese con la maggiore crescita di ricchezza è la Russia, dove i residenti vedranno il loro potere d'acquisto aumentare di un enorme 63% fino a 43.557 dollari. Questo mette la Russia al 5° posto, dietro Brunei, Qatar, Singapore e Paesi Bassi. La Cina, con un 48° posto nella lista e un potere d'acquisto di soli 17.843 dollari, fa sorprendentemente molto meno bene di quanto ci si potrebbe aspettare.

Dato l'enorme entusiasmo dei neoliberali europei (in considerazione delle loro politiche, il termine neomarxisti è più appropriato) per il Grande Reset e il superstato dell'UE, temo che le aspettative relativamente ancora ragionevoli degli europei possano rivelarsi mal riposte. Tuttavia, ci sono segni incoraggianti nella nostra società di una crescente resistenza ai politici sistemici di Bruxelles, dei quali è sempre più chiaro che si preoccupano solo di promuovere i propri interessi a spese del benessere, della prosperità e del futuro del nostro popolo.

Capitolo 7: Il prossimo passo

La paura deliberatamente seminata della morte per un comune virus respiratorio sembra aver trasformato innumerevoli persone in zombie completamente sottomessi e senza cervello dall'anno scorso.

Secondo uno studio sui vaccini Covid mRNA pubblicato dall'Istituto di Microbiologia Umana, ora sembra che questo possa letteralmente accadere. Infatti, i vaccini che utilizzano l'mRNA per codificare la proteina Spike dell'originale SARS-CoV-2 nel proprio corpo sembrano essere in grado di causare disturbi neurologici molto gravi, tra cui la SLA, il Creutzfeld-Jakob (noto anche come "morbo della mucca pazza") e la malattia di Alzheimer. Creutzfeld-Jakob (CJD) è fatale al 100%.

L'mRNA nei vaccini di Pfizer, AstraZeneca e Moderna 'dirotta' le cellule del tuo corpo in modo abbastanza casuale, e poi le spinge a produrre la proteina Spike del coronavirus. Così, questi 'vaccini' in realtà non sono affatto vaccini, ma terapia genica, o manipolazione genetica del corpo umano.

Il mostruosamente costoso 'Green Deal' pone enormi rischi per la prosperità, l'economia e la democrazia, secondo DB. Questi rischi dovrebbero essere detti onestamente alla gente, e non nascosti, come sta accadendo ora. Almeno questo è quello che scrive Eric Heymann, economista senior della Deutsche Bank Research.

I prioni causano la SLA, la malattia di Creutzfeld-Jakob e l'Alzheimer

La proteina Spike contiene "regioni simili ai prioni" che le permettono di legarsi particolarmente bene ai recettori umani ACE2. I prioni sono particelle infettive proteiche che sono la causa di una serie di malattie cerebrali mortali sia negli uomini che negli animali.

Se il sistema immunitario umano attacca le sequenze di mRNA nel vaccino prima che raggiunga la sua destinazione, i prioni possono essere rilasciati nel corpo, avverte l'autore dello studio, J. Bart Classen (MD) della Classen Immunotherapies Inc. di Manchester, UK. La proteina legante il DNA TDP-43 e il gene FUS (che istruisce il corpo a produrre proteine) possono essere colpiti dai prioni. Questo processo è stato scientificamente stabilito per causare le temute malattie SLA, Creutzfeld-Jakob e Alzheimer, così come altri gravi disturbi neurologici.

L'mRNA nei vaccini di Pfizer, AstraZeneca e Moderna 'dirotta' le cellule del tuo corpo in modo abbastanza casuale, e poi le spinge a produrre la proteina Spike del coronavirus. Così, questi 'vaccini' in realtà non sono affatto vaccini, ma terapia genica, o manipolazione genetica del corpo umano.

43

I prioni causano la SLA, la malattia di Creutzfeld-Jakob e l'Alzheimer

La proteina Spike contiene "regioni simili ai prioni" che le permettono di legarsi particolarmente bene ai recettori umani ACE2. I prioni sono particelle infettive proteiche che sono la causa di una serie di malattie cerebrali mortali sia negli uomini che negli animali.

Se il sistema immunitario umano attacca le sequenze di mRNA nel vaccino prima che raggiunga la sua destinazione, i prioni possono essere rilasciati nel corpo, avverte l'autore dello studio, J. Bart Classen (MD) della Classen Immunotherapies Inc. di Manchester, UK. La proteina legante il DNA TDP-43 e il gene FUS (che istruisce il corpo a produrre proteine) possono essere colpiti dai prioni. Questo processo è stato scientificamente stabilito per causare le temute malattie SLA, Creutzfeld-Jakob e Alzheimer, così come altri gravi disturbi neurologici.

Il mondo aspetta (decine di) milioni di pazienti neurologici gravi?

La malattia di Creutzfeld-Jakob (mucca pazza) è mortale al 100%. La malattia è irreversibile e non esiste un trattamento per essa. I sintomi sono coerenti con le emorragie cerebrali e si manifestano come confusione, difficoltà a parlare, strani movimenti del corpo, cambiamenti emotivi e di personalità, e una grande perdita di funzioni cognitive, che termina con la morte, tra gli altri. Una volta che i prioni sono attivi e cominciano a causare questi sintomi, è troppo tardi.

C'è quindi il pericolo che i vaccini corona mRNA causino un'ondata senza precedenti di gravi malattie neurologiche nei prossimi anni. In milioni o addirittura decine di milioni di persone, il cervello potrebbe essere lentamente "mangiato" dai prioni*, causando demenza, incapacità di funzionare e, infine, incapacità di pensare. Per non parlare del fatto che, nel frattempo, soffriranno sempre peggio.

Vaccinzombies

Come stiamo scrivendo da quasi un anno, quasi tutte le malattie, le patologie e le morti indotte dai vaccini saranno automaticamente attribuite a mutazioni, nuovi virus o 'coincidenze' per le quali l'industria farmaceutica ha sviluppato un nuovo vaccino. Non sentirete o leggerete mai questo nei media mainstream delle notizie false; essi citano solo 'noi scienziati ed 'esperti' che - indipendentemente dalla miseria creata - continueranno a sostenere che questi vaccini sono 'perfettamente sicuri'. Quindi, Baghdad Bob a ripetizione, solo in tutto il mondo con molte copie.

La CNBC ha già riportato che 1 su 3 'sopravvissuti' al Covid soffre di un disturbo mentale o psicologico come demenza, depressione o disturbi d'ansia. Questo è davvero causato da un normale virus respiratorio, o

45

'segretamente' dai vaccini? Una misteriosa malattia che danneggia il cervello è già emersa in Canada, i cui sintomi sono sospettosamente simili alle condizioni indotte dai prioni di cui sopra (perdita di memoria, allucinazioni, atrofia muscolare). I medici dicono che non è Creutzfeld-Jakob, ma non hanno ancora trovato un'altra causa.

La serie horror di successo 'The Walking Dead' diventerà realtà in modo leggermente diverso nei prossimi anni, quando il mondo sarà invaso da 'zombie vaccini'? Data l'ondata di gravi effetti collaterali e morti che si stanno già verificando, questo non sembra più una pura fantasia.

Quindi, se avete ancora intenzione di andare a un viaggio di vaccinazione...

Alla vostra salute!

Capitolo 8: In un modo o nell'altro

Fai il maggior numero possibile di compiti senza maschera per la bocca ed evita lo sforzo fisico se la indossi".

Il fatto che i paradenti siano inutili e possano causare danni significativi alla salute è stato ormai ampiamente dimostrato. Quello che non era ancora noto è che l'uso frequente di paradenti può causare danni agli occhi. Almeno questo è quello che un team di scienziati cinesi ha scoperto. Il loro studio è stato pubblicato nel marzo 2021 sulla rivista scientifica Translational Vision Science & Technology.

Un'altra rivista, The Review of Optometry, ha fornito un riassunto di questo studio. Scienziati cinesi hanno studiato gli effetti di indossare paradenti durante attività fisicamente faticose. A 23 giovani adulti sani sono stati dati diversi tipi di paradenti da indossare durante un test di corsa. La velocità è stata gradualmente aumentata fino a raggiungere una frequenza cardiaca di 190 bpm.

I partecipanti sono stati divisi in tre gruppi: senza paradenti, con un paradenti medico (il familiare blu) e con un paradenti N95. Prima e dopo il test, è stata fatta una scansione dei nervi ottici e dei vasi nella retina dell'occhio.

Anche prima del test, i portatori di N95 avevano già riscontrato una densità dei vasi sanguigni significativamente ridotta rispetto a quelli che non indossavano un paradenti.

Danni potenziali alla retina, prestazioni alterate, dispnea, bassa saturazione di ossigeno

In seguito, entrambi i gruppi di portatori di paradenti sono stati trovati a correre per meno tempo e la saturazione di ossigeno nel loro sangue era fortemente ridotta, così come la densità vascolare nelle loro retine.

Gli scienziati hanno scoperto che il paradenti N95 in particolare causa questo effetto anche in uno stato di quiescenza, che potrebbe avere potenziali danni alla retina e altre implicazioni cliniche per gli operatori sanitari e altre professioni che devono indossare paradenti per lunghi periodi di tempo ogni giorno.

Tutti i volontari che indossavano i paradenti hanno raggiunto la frequenza cardiaca massima di 190 bpm molto più velocemente e avevano una saturazione di ossigeno nel sangue significativamente più bassa rispetto ai non indossatori. Un precedente test di camminata aveva già dimostrato che indossare i paradenti medici (blu) porta alla dispnea (mancanza di respiro) entro 6 minuti.

Consiglio: indossare meno protezione possibile per la bocca

La conclusione è che i paradenti ritardano il ritorno a una frequenza cardiaca normale dopo l'esercizio, riducono le prestazioni durante gli esercizi e gli sport, rendono i portatori meno attenti alle lesioni e causano ipossiemia (livello di ossigeno anormalmente basso nel sangue). Gli scienziati consigliano quindi a tutti di svolgere il maggior numero possibile di attività senza paradenti e di evitare lo sforzo fisico mentre si indossano i paradenti.

Effetto nullo, effetto presunto già sparito dopo 10-15 minuti

Un articolo del Washington Post ha ammesso che indossare paradenti durante la pandemia di influenza spagnola più di un secolo fa non ha avuto alcun effetto. Recenti studi sui paradenti in Danimarca e negli Stati Uniti, i più grandi mai condotti, hanno anche concluso che l'effetto dei paradenti è nullo nella migliore delle ipotesi, e dà solo un (falso) senso di sicurezza a chi li indossa.

In ogni caso, è già stato stabilito che i tappi N95 si saturano con l'umidità del vostro respiro dopo un massimo di 20 minuti, e i tappi blu dopo solo 10-15 minuti, e quindi perdono completamente il loro presunto effetto.

Professore tedesco: I paradenti possono effettivamente rafforzare le infezioni

L'autorevole professore di patologia tedesco Dr. Arne Burkhardt ha spiegato in un rapporto di 50 pagine gli effetti devastanti dell'indossare paradenti sulla nostra salute, e quindi non contrasta la cosiddetta "pandemia" ma sembra perpetuarla.

Burkhardt ha avvertito che l'uso prolungato di paradenti è altamente dannoso per la pelle del viso, le vie respiratorie, i polmoni e l'intero organismo umano, e può portare a numerose malattie e disturbi. C'è anche la prova che le infezioni virali, batteriche e fungine sono promosse dai paradenti, e le persone possono effettivamente infettarsi attraverso di essi.

Health Canada e il governo provinciale del Quebec hanno recentemente consigliato alle scuole di smettere immediatamente di indossare e distribuire paradenti medici (blu) perché contengono particelle microscopiche di grafene che possono entrare nei polmoni, e quindi causare gravi danni proprio come l'amianto.

Capitolo 9: tirannia del vaccino

Niente vaccino, niente lavoro: I datori di lavoro potrebbero iniziare a richiedere le vaccinazioni ai loro dipendenti

La Corte Europea dei "Diritti dell'Uomo" (ECHR) ha stabilito che le vaccinazioni obbligatorie sono legali. Questa decisione scioccante e oltraggiosa distrugge l'integrità del proprio corpo e apre la strada alla più grande violazione dei diritti umani di sempre, le vaccinazioni obbligatorie corona. Sottolinea che anche il sistema giudiziario europeo è marcio e corrotto, e serve solo gli interessi delle multinazionali farmaceutiche e tecnologiche, più naturalmente i politici che sono stati corrotti o comprati da loro.

La decisione dei "giudici" ha fatto seguito alla denuncia di un gruppo di famiglie ceche che erano state multate e i cui bambini non potevano frequentare gli asili perché non avevano fatto le vaccinazioni obbligatorie contro nove malattie (tra cui difterite, tetano, pertosse, epatite B e morbillo).

Secondo i genitori, l'obbligo va contro l'articolo 8 sul diritto al rispetto della vita personale, ma la Corte non è d'accordo, affermando che le vaccinazioni sono "nel migliore interesse" dei bambini in modo che "ogni bambino sia protetto contro le malattie gravi da vaccinazioni o immunità di gruppo.

Via libera alle vaccinazioni obbligatorie e ai passaporti corona

Le vaccinazioni obbligatorie possono essere considerate necessarie in una società democratica", hanno detto i giudici europei. Anche se questa sentenza non riguardava direttamente Covid, in un futuro molto prossimo potrebbe avere conseguenze di vasta portata per ogni cittadino. Oltre alle vaccinazioni obbligatorie, questo apre la strada ai passaporti vaccinali obbligatori, che saranno richiesti per accedere a catering ed eventi, e più tardi anche ad agenzie, istituzioni e imprese (niente vaccino = niente lavoro).

Infatti, secondo l'esperto di diritto della CEDU Nicolas Hervieu, la decisione ratifica gli sforzi dei politici europei per rendere obbligatorie le vaccinazioni Covid. (Per i sostenitori inveterati dei vaccini, leggere ad esempio 13-09: Il gigante farmaceutico Pfizer incolpa gli anti-vaxers se i vaccini non riescono a fermare la corona (/ I sostenitori dei vaccini usano una logica contorta e contraddittoria per costringere anche gli altri a farsi vaccinare - 'Ma il morbillo, la pertosse e la polio sono tutti scomparsi grazie ai vaccini, vero?)

Il sistema della "Bestia" un altro passo avanti

Basta concludere questo messaggio ancora una volta con la nota profezia biblica in cui (in base al testo di partenza) viene descritto esattamente ciò che verrà fatto nei prossimi anni e dove porterà, se non ci saranno abbastanza persone disposte a fare tutto il possibile per fermare la venuta di questo sistema profondamente anti-umano e diabolico.

AstraZeneca ha cambiato il nome del suo vaccino "scimpanzé" geneticamente modificato in Vaxzevria, forse per distogliere l'attenzione dal fatto che persone ovunque continuano a morire dopo essere state iniettate con questa sostanza altamente sperimentale e palesemente pericolosa. Il foglietto illustrativo del vaccino AZ/Vaxzevria è già così terrificante che è impensabile che persone con una mezza mente funzionante se lo iniettino. Nonostante ciò, la somministrazione di questo vaccino in Europa, che secondo la mia personale opinione equivale a un crimine potenzialmente grave contro l'umanità, è stata solo temporaneamente sospesa.

Augusta Turiaco, 55 anni, e Cinzia Pennino, 46 anni, possono essere aggiunte alla sempre crescente lista di vittime del vaccino corona. Entrambe le insegnanti si sono ammalate gravemente nei giorni successivi all'iniezione del vaccino AZ, hanno sviluppato coaguli di sangue e sono morte nel giro di una o due settimane.

Nonostante questo, le autorità hanno affermato che non c'era "nessuna connessione" con il vaccino.

Giovane donna tedesca muore dopo il vaccino, il politico dice che è "sul lastrico

La psicologa tedesca Dana Ottman, 32 anni, si è ammalata gravemente subito dopo la sua vaccinazione AZ. Meno di due settimane dopo, è stata trovata morta nel letto da sua madre. Causa della morte: una massiccia emorragia cerebrale. Un medico dice da dietro la sua mano che il vaccino è molto probabilmente la causa. Poi sente un politico della SPD in TV dichiarare agghiacciante che "dobbiamo sopportare 'le poche persone' che muoiono a causa dei vaccini". Facile da dire, se non è la propria figlia o un'altra persona cara.

Tuttavia, la Germania ha deciso di non utilizzare il vaccino per il momento per le persone fino a 60 anni. Poco dopo, l'Europa ha per lo più sospeso la somministrazione della roba AZ per tutti, ma solo temporaneamente per ora. Ora che è stato messo un nuovo nome, Vaxzevria, è probabile che la vaccinazione riprenda presto come al solito. Dopo tutto, il ministro De Jonge vi ha attaccato il suo nome e la sua reputazione, e vi ha versato centinaia di milioni di denaro del governo.

Adenovirus di scimpanzé geneticamente modificato coltivato in cellule embrionali umane

54

Uno sguardo al foglietto illustrativo di questo vaccino, tuttavia, dovrebbe far rabbrividire di orrore qualsiasi persona di buon senso: 'Contiene un adenovirus geneticamente modificato derivato dallo scimpanzé e cresciuto in cellule renali embrionali umane. Questo prodotto contiene organismi geneticamente alterati (GVO)" ("Una dose (0,5 ml) contiene non meno di 250 milioni di unità infettive di adenovirus dello scimpanzé, che codifica la glicoproteina di punta SARS-CoV-2 ChAdOx1-S." - pagina 2 e pagina 19).

Nonostante questo, i media e i politici continuano a insistere che l'ingegneria genetica e le 'cellule abortive' umane sono una 'teoria della cospirazione', quando è notato nero su bianco nella documentazione dei produttori stessi. Quello che non viene descritto è che il DNA estraneo dell'adenovirus 'scimmia' può essere visto come estraneo dal nostro sistema immunitario, che può causare gravi reazioni auto-immuni a lungo termine, anche anni dopo la somministrazione.

Differenza appena percettibile nelle fasi del test

L'opuscolo afferma inoltre che nella fase di test la differenza tra il gruppo vaccinato e il gruppo di controllo, entrambi contenenti oltre 5000 persone, è estremamente piccola. Dei 5258 vaccinati, 64 persone (1,2%) hanno ancora ricevuto il Covid-19, e dei 5210 nel gruppo di controllo, 154 (3,0%). L'efficacia è stata in media del 59,5% entro 4-12 settimane. Infatti, la differenza tra i partecipanti da 56 a 65 anni era solo una persona (8 persone nel Vaxzevria, e 9 persone nel gruppo di controllo hanno ricevuto il Covid-19).

Da notare che anche questi sono test eseguiti dal produttore "il macellaio che ispeziona la propria carne". Le persone che hanno già avuto la corona, o che soffrono di una varietà di condizioni gravi (cardiovascolari, intestinali, epatiche, renali, endocrine/metaboliche, neurologiche) NON sono state testate, ma in pratica sono BEN vaccinate. Tralasciamo poi il fatto accertato che i test PCR utilizzati producono dal 90% al 98% di falsi positivi.

Effetti su persone fragili e incinte NON studiati

Il foglietto illustrativo continua affermando che ci sono stati effettivamente "alcuni casi" di decessi dovuti a trombosi, e che i medici dovrebbero quindi prestare attenzione se questi sintomi si verificano dopo la vaccinazione. Efficacia in persone con un sistema immunitario indebolito (cioè la maggior parte degli anziani e dei malati cronici): NON studiato.

Effetti sulle donne incinte? NON si sa, anche gli studi sugli animali con questo non sono stati completati. Eppure "non ci aspettiamo alcun effetto sullo sviluppo fetale". Tuttavia, le donne incinte dovrebbero essere vaccinate solo "se il potenziale beneficio supera i potenziali rischi per la madre e il feto". Non è anche noto se Vaxzevria passa nel latte materno, o se ci sono effetti sulla fertilità. Anche in questo caso, i test sugli animali non sono stati completati (ma tu potresti BENISSIMO servire da cavia).

L'Empire sostiene che i vaccini sono "provati e sicuri", ma il produttore stesso è molto meno sicuro, come dimostra la spiegazione (pag.7) della codifica genetica del vaccino della proteina Spike del virus SARS-CoV-2, che "può contribuire alla protezione contro il Covid-19. (grassetto aggiunto) E se il vaccino viene accidentalmente rovesciato, dovrebbe essere disinfettato con un agente contro gli (adeno)virus. Quindi: forse dannoso se toccato, ma non dannoso se iniettato nel corpo?

L'efficacia e la sicurezza negli anziani non devono essere dimostrate per 3 anni

Durata della protezione che il vaccino fornirebbe? NON è noto. Interazione con altri farmaci? NON studiata. È davvero un vaccino sicuro e funziona davvero contro il Covid-19? Non si sa fino a 12 mesi dopo la vaccinazione. Tuttavia, i governi non hanno voluto aspettare, e hanno iniziato a vaccinare la popolazione poco dopo la conclusione delle fasi di test.

Non sarà prima del 31 maggio 2022 che l'efficacia, la stabilità e la sicurezza di questo vaccino dovranno essere definitivamente dimostrate. Per gli anziani e i malati cronici, non sarà prima del 31 marzo 2024, o TRE ANNI da oggi (pag. 16). Per allora, quasi tutta la popolazione mondiale sarà stata vaccinata. Dato quanto sopra, potremmo essere giustificati nel chiederci quanti anziani saranno sopravvissuti a questi vaccini per allora. Perché lo dice davvero, nero su bianco: solo fra tre anni l'efficacia e la sicurezza di questo vaccino devono essere definitivamente dimostrate. (pp.15-16)

Chi osa ancora sostenere che non si tratta di un esperimento medico di massa senza precedenti che coinvolge l'intera popolazione mondiale, le cui conseguenze, secondo un gran numero di scienziati, medici e altri esperti, potrebbero essere terribili?

Cosa sta succedendo a tutta questa gente?

Che cosa succede a tutti quei creduloni, che si rimboccano ancora le maniche per questo? E con tutte quelle persone che maneggiano le siringhe, condannando così alcune persone ad una trombosi, un'emorragia cerebrale, una malattia cronica (autoimmune) o addirittura la morte?

Con le autorità, gli amministratori e i politici che commissionano tutto questo, ma che nel frattempo hanno rifiutato in anticipo ogni responsabilità nel caso in cui le cose vadano completamente male con la TUA salute, e forse anche con la tua vita?

Per la risposta, farò solo un breve riferimento agli annali degli anni '30 e '40 di nuovo. Questo è ciò che sta succedendo a tutte queste persone. Sono stati di nuovo afferrati dallo stesso spirito oscuro, ottenebrante e terrorizzante di paura totale, cecità, obbedienza assoluta e menefreghismo collettivo, che ancora una volta sembra spianare la strada a indicibili crimini anti-umani con un numero potenzialmente infinito di vittime.

Non abbiamo imparato nulla dalla storia, anche quella recente.

I nostri altri libri

Dai un'occhiata ai nostri altri libri per altre notizie non riportate, fatti esposti e verità sfatate, e altro ancora.

Unisciti all'esclusivo Rebel Press Media Circle!

Riceverai nella tua casella di posta elettronica ogni venerdì un nuovo aggiornamento sulla realtà non raccontata.

Iscriviti qui oggi:

https://campsite.bio/rebelpressmedia

CPSIA information can be obtained
at www.ICGtesting.com
Printed in the USA
LVHW082359230521
688302LV00012B/439